EL PRINCIPIO DE LAS

nutrias BEBÉS

KATE RIGGS

CREATIVE EDUCATION • CREATIVE PAPERBACKS

TABLA DE

CONTENIDO

SOY UN CACHORRO DE NUTRIA.

Soy una nutria bebé.

¡Mira mis bigotes y mis orejas cortas!

Nací en una madriguera.

Empecé a nadar cuando tenía dos meses.

¡Las nutrias marinas nadan de inmediato!

Me encanta salpicar y jugar.

Mi pelaje me mantiene caliente. Mi larga cola es como un timón. Me ayuda a nadar.

Ya pasó mi primer cumpleaños. Es hora de que deje a mi madre.

¡Ahora soy una nutria joven!

HABLA Y ESCUCHA

HHHH!

¿Puedes hablar como un cachorro de nutria? Las nutrias chirrían, chillan, y se gruñen entre sí.

Escucha esos sonidos:

https://www.youtube.com/watch?v=2X3AybtLAEk

¡Ahora es tu turno!

PALABRAS BEBÉS

bigotes: pelos largos que crecen en la cara u hocico de un animal

madriguera: un área pequeña y escondida donde descansa un animal

pelaje: el pelo que cubre a algunos animales

ÍNDICE

PUBLICADO POR CREATIVE EDUCATION Y CREATIVE PAPERBACKS
P.O. Box 227, Mankato, Minnesota 56002
Creative Education y Creative Paperbacks son marcas editoriales de The Creative Company
www.thecreativecompany.us

DISEÑO Y PRODUCCIÓN
de Chelsey Luther & Joe Kahnke
Dirección de arte de Rita Marshall
Impreso en China
Traducción de TRAVOD, www.travod.com

FOTOGRAFÍAS de Alamy (agefotostock, Nature Picture Library), Minden Pictures (Suzi Eszterhas), National Geographic Creative (JOEL SARTORE – NATIONAL GEOGRAPHIC PHOTO ARK), Shutterstock (Bohbeh, EML, Eric Isselee, Sean Lema)

INFORMACIÓN DEL CATÁLOGO DE PUBLICACIONES
de la Biblioteca del Congreso is available under PCN 2019957356.
ISBN 978-1-64026-456-4 (library binding)
ISBN 978-1-62832-991-9 (pbk)

HC 9 8 7 6 5 4 3 2 1
PBK 9 8 7 6 5 4 3 2 1